par Adolphe Clément

# ROCHEFORT DÉPUTÉ

## PROCLAMATION

### AUX ÉLECTEURS DE M. ROCHEFORT

Électeurs, comptons-nous !
Mais comment arriver à ce dénombrement laborieux ?
Ma brochure est là,
Que chacun coure au plus vite se munir d'un exemplaire chez
l'éditeur, qui tirera au fur et à mesure des besoins.
Le tirage définitif donnera péremptoirement le chiffre
que nous voulons connaître :
*Irréfragablement,* dirait M. Thiers
Je commence. Suivez-moi !



PARIS

LIBRAIRIE CENTRALE

9, RUE CHRISTINE, 9

1868

# M. ROCHEFORT CANDIDAT

EXTRA OFFICIEL

—

## Henri IV est mort.

—

Nommons Rochefort !

Je ne suis point un courtier d'élections, je le déclare, et ce n'est point une campagne électorale que je veux entreprendre. Non.

A quoi bon défoncer une porte ouverte ? La campagne est finie avant même d'avoir commencé. L'élection est posée, l'élection est faite,

—

Et lorsque je viens vous dire :

Nommons Rochefort !

Je fais comme un quidam s'en revenant, la nuit, par les boulevards, de l'Opéra ou de l'Opéra-Comique, et qui fredonne une ariette qu'il a retenue.

Nommons Rochefort!

C'est, à proprement parler, comme si je vous racontais un mot de la veille, une vieille histoire; si je vous disais, par exemple :

Henri IV est mort!

---

## L'écho.

—

Courtier d'élections, certes, je le voudrais être. Pourquoi pas? Je ne vois point d'occucupation plus digne pour un honnête homme. Mettre toute son activité, tout son dévouement au service d'une cause juste, dont on veut assurer le triomphe : trouvez-moi quelque chose de plus louable au monde !

Une élection est une bataille, avec ses péripéties, ses chances diverses, ses retours, ses espoirs et ses déceptions; le tempérament nerveux et fébrile du Français est là dans son élément naturel, et le succès est d'autant plus précieux qu'il a été plus chèrement acquis.

Quelle joie de deviner un homme et de se dire : ce sera LUI ! de tirer hors de pair un nom ignoré la veille, de le murmurer à dix mille oreilles, de le faire répéter par dix mille bouches, de le fixer dans la volonté de dix mille intelligences! On tient un instant dans sa main les fils qui font mouvoir ces dix mille volontés : on a le droit d'être fier.

Nommons Rochefort!

Ah! il y avait là une belle campagne à faire, un riche courtage à cueillir en satisfactions de toutes sortes !

Je n'ai point eu de flair. On n'a plus de flair aujourd'hui ; on ne voit les choses que lorsqu'elles vous crèvent les yeux.

Qui diable aussi pouvait s'attendre à cette tuile ? (Je dis tuile et je me comprends.) Eh! monsieur Rochefort, va-t-on de ce train d'ouragan? troue-t-on de la façon?

A peine a–t-il allumé sa *Lanterne* huit ou dix fois ; on n'aborde plus que des porte-lanternes, se renvoyant le nom du lanternier, et on |ne peut faire un pas sans que, de droite, de gauche, de devant de derrière, de partout, la même phrase vous salue au passage :

Nommons Rochefort !

Et je m'en vais, répétant comme tout le monde :

Nommons Rochefort!

—

Si j'avais prévu ! si j'avais prévu !

Eh ! triple sot, ce n'est plus le temps de

lanterner, et puisque tu n'as rien su voir, contente-toi de ton rôle d'écho.

C'est aussi ce que je fais.

Nommons Rochefort !

## Tu Marcellus eris.

Il faut être juste :

Cette élection a l'air de s'être faite toute seule, et, en réalité, aucune n'a été plus travaillée.

Jamais le gouvernement n'a fait un lit moelleux à une candidature officielle comme à celle-ci : par une série de maladresses apparentes, mais calculées, il l'a prise pour ainsi dire dans sa main et l'a présentée aux électeurs. Il peut hardiment revendiquer les trois quarts dans le succès, et ce n'est pas M. Rochefort qui y contredira sans doute, où il serait bien ingrat.

Mais M. Rochefort, du reste, en est convaincu plus que personne.

—

A quelle époque remonte l'origine de cette candidature extra officielle ? C'est difficile à préciser. Il me souvient que son idée, émise à titre de simple hypothèse par un journal, a été accueillie assez plaisamment dans un des premiers numéros de la *Lanterne*.

A mesure que M. Rochefort a vu sa notoriété croître et tourner peu à peu à la popularité, l'idée a-t-elle pris un corps dans son esprit, ou sa modestie l'a-t-elle toujours détourné d'y croire?

Qu'alors il y ait cru ou ou non, ce qui est certain, le doute ne lui est plus permis aujourd'hui.

Ou bien M. Rochefort doute de tout, doute qu'il existe, doute de sa fortune.

## Tu Marcellus eris!

*Tu seras député.*

—

Déjà un précurseur de sa mission législative nous révèle une certaine aptitude oratoire chez le futur député.

Il nous suffira de retrouver à la tribune l'homme honnête et courageux **que nous** avons connu dans son journal.

Orateur, *bone Deus!* ce serait le couronnement!

---

# LE BONHEUR DE M. ROCHEFORT

—

## Une nature armée en guerre.

—

Un heureux homme, ce M. Rochefort!
Hé, hé, répondra-t-on, ce bonheur-là lui

coûte assez cher. Qui voudrait l'acheter à ce prix ?

Sans doute !

Ainsi de l'homme.

Le marin qui voit son vaisseau fracassé jure ses grands dieux de ne plus remettre les pieds sur un plancher branlant.

Le soldat qui revient de campagne soupire après les douceurs de la vie champêtre et une joyeuse maisonnée d'enfants.

Le chasseur, cloué par la goutte, dit adieu à la plaine, aux fourrés, à toutes bêtes de poil et de plume.

Et le marin, à peine séché, saute à bord du premier navire qui met à la voile.

Le soldat, ses blessures fermées, boucle son sac et recommence sa vie de zigzags et d'aventures.

Le chasseur, dès l'aube du jour suivant,

est dans les guérets à courre les rhumatismes et les corizas.

---

Il y a des natures nerveuses et sanguines, des natures de flamme que le repos indigne, qu'appelle la mêlée, qui éprouvent le désir voluptueux de la mort.

M. Rochefort a une de ces natures-là.

C'est une nature armée en guerre.

---

## Il faut que ça rie.

---

Oui, c'est un homme heureux, ce M. Rochefort.

Les causes ordinaires ne suffisent pas à expliquer la raison de ce bonheur.

---

Son talent :

On l'a discuté, tout se discute. Une bonne arme toujours, dans sa main, qui fait balle à tout coup!

Ce n'est point assez.

Son courage, son audace, ses convictions:

On ne les a jamais contestés. Je le crois bien!

Ce n'est point assez.

Les principes à l'ombre desquels il combat; la cause dont il s'est fait le champion héroïque :

Ce n'est point assez.

L'aveuglement de ses ennemis, qui retourne contre eux-mêmes les coups dirigés contre lui :

Ce n'est point assez.

—

La cause, c'est tout cela et plus que cela.

Et cependant tout cela suffit, mais à la condition que tout cela frappe à l'endroit juste, arrive à son heure, trouve l'appui attendu, à la condition enfin que tout cela réussisse; et, pour que tout cela réussisse, il faut... la locution est triviale; il faut que... mais expressive. Oserai-je? Oui. Il faut que ça rie.

Eh bien! ça a ri à M. Rochefort.

Voyez plutôt.

---

## Trop heureux!

M. Rochefort écrit au *Figaro*, journal alors exclusivement littéraire, et quelques bons coups de tête donnés dans la porte de la voisine (la politique) appellent l'attention sur lui. Plusieurs duels heureux, en raison du choix de ses adversaires, contribuent aussi à le mettre en relief. Entre temps, le *Figaro* devient politique. M. Rochefort se sent les coudées plus franches et il les prend, un peu moins qu'il ne voudrait, mais beaucoup plus qu'on ne veut. Avis charitable est donné au maître de la maison qu'il loge un pensionnaire dangereux. Chacun sait ce que parler veut dire.

M. Rochefort se frotte les mains...

Ah! ah! fait-il, on veut m'empêcher de casser les vitres chez les autres; eh bien! j'aurai ma maison à moi.

Et voilà comme la fondation de la *Lanterne* fut décidée.

———

Avant tout, dit-il, il me faut 30,000 francs.

Je les ai ou on les a, ce qui est tout comme.

L'imprimeur est à ma dévotion, je n'ai point à m'en occuper.

esté l'autorisation à demander, et me voici en règle. Bon. Requête à M. le ministre de l'intérieur, à l'effet d'obtenir ladite autorisation.

Refus.

Pourvu qu'on ne me joue pas le mauvais tour de me l'accorder, disait à part lui le fin lanternier.

Sauvé!... Je suis un homme heureux. (Il l'avoue.)

—

Un petit groupe de personnes, sur la foi d'un premier avis, sort à la découverte de la *Lanterne* promise. Même promenade le lendemain et les jours suivants, et chaque jour le nombre s'augmente des passants que raccole la curiosité; si bien que le jour enfin où la tant désirée *Lanterne* s'allume, quatre-vingt mille individus se précipitent dessus et se la passent de main en main.

Ordre de faire évacuer la rue à cette *Lanterne* turbulente.

Ah! c'est trop de bonheur! (Je ne le fais pas dire à M. Rochefort.) En vérité, que ne peut-on pas croire?

Chassée de la rue, la *Lanterne* se réfugie dans les maisons, et bientôt, du rez-de-chaussée à la mansarde, brille à toutes les fenêtres : la ville est éclairée *à giorno.*

Voici venir M. Communiqué.

Assez, assez, murmure faiblement M. Rochefort, ou je suis perdu. On va croire que j'ai un compère.

L'abat-jour de M. Communiqué est un réflecteur qui fait merveille; Paris est littéralement aveuglé. L'engouement gagne les villes, les campagnes, les pays étrangers. On se croirait en Chine, l'empire des lanternes : c'est une fièvre générale, une lanternomanie universelle.

Et la *Lanterne* brûle, brûle.

Il ne restait plus qu'à la souffler, et... c'est fait.

Avais-je donc raison de dire :

Un heureux homme, ce M. Rochefort!

Ce n'est pas tout.

Des bas-fonds de la presse, monte une trombe de salive, de boue et d'injures, qui crève sur le lanternier et sa *Lanterne*. Celui-ci s'indigne.

—

Je passe l'incident de l'imprimeur : l'erreur d'un honnête homme emporté par le premier mouvement d'une indignation légitime.

—

M. Rochefort est condamné à quatre mois de prison. Il se plaint qu'on l'ait attiré dans un traquenard. Mais, trop heureux monsieur Rochefort, ce traquenard-là il vous faut le bénir !

—

Vous rappelez-vous l'article sur les piédestaux (un de vos meilleurs, de vos excellents)? Eh bien! ces ennemis que vous accusez vous ont élevé pierre à pierre un piédestal du haut duquel vous pouvez entendre le bruit enivrant de cent mille voix criant à l'unisson :

Nommons Rochefort !...

*Vox populi, vox Dei.*

---

# ROCHEFORT EST NOMMÉ

—

## Vox populi, vox Dei.

—

— Oui, parlons de cet aphorisme idiot qui a fait le tour des siècles, colporté par les Prudhommes de l'histoire.

— Il y a du pour et du contre.

—

— César passe le Rubicon : « *Alea jacta est ;* » et la fortune répond à ce cri du fataliste ; la république succombe dans les plai-

nés de Pharsale, et un peuple ivre de servi-
tude vient de lui-même offrir ses mains aux
fers de son vainqueur. Caton noie dans son
sang, à Utique, l'âme d'un Romain indigné
par le spectacle de tant de lâchetés. Quatre
années plus tard, la liberté vaincue, mais
non soumise, adresse un dernier et suprême
appel à ce peuple qu'elle a fait le premier
peuple du monde : elle tombe, frappée à
mort aux champs de Philippes, et Rome ac-
cueille la nouvelle de ce grand désastre par
des réjouissances publiques.

— C'est vrai ; mais il y a de l'un et de
l'autre.

—

Brutus place la pudeur du foyer domesti-
que sous l'invocation du peuple romain, qui
se soulève et renverse le gouvernement de
ses rois ; la république est fondée. Pélopidas
entre nuitamment dans Thèbes, à la faveur
de quelques citoyens vertueux de la ville, et
chasse les oppresseurs de sa patrie. Thrasy-

bule, aidé du peuple, détruit le pouvoir des Trente et rétablit la démocratie.

Il y a du pour et du contre, vous voyez.

Enfin, la maxime vous crispe ; mettons « *vox Fati* » et n'en parlons plus.

Les peuples ont des morales « à dispositions » comme bien des gens, et ils servent l'une ou l'autre selon le gré des événements. Mais les événements ne vont pas toujours dans le même sens.

Il y a de l'un et de l'autre.

M. Rochefort sera nommé !

---

# CONCLUSION

—

Les comices seront convoqués vers le mois d'octobre de cette année, ou dans le courant du mois de mai de l'année prochaine, au plus tard. Qui doute, s'ils l'étaient aujourd'hui,

que M. Rochefort ne fût nommé d'acclama-
tion? Ce beau feu des électeurs ne pourra-
t-il durer les sept ou huit mois d'attente im-
posés à leur légitime impatience? Ne serait-ce
qu'un feu de paille?

Eh quoi! le peuple français prescrirait à
terme sa reconnaissance envers ceux qui l'ont
bien servi; il se ferait gloire de son ingrati-
tude : un jour il tirerait un homme de la
foule, il le monterait sur le pavois, et ce serait
pour le jeter à bas le lendemain et s'en dé-
tourner avec mépris!

Cela s'est vu.

Autrefois, hier, oui. Cela ne se verra point
aujourd'hui.

M. Rochefort sera nommé!

—

Ou ce peuple est la versatilité elle-même,
il change pour avoir le plaisir de changer,
il est le Protée des peuples.

Comment! éternel Chauvin, il emboîte le

pas du premier régiment qui passe : la musique l'enivre, la vue du drapeau fait battre son cœur ; il croit assister à la bataille, il voit tous ces héros qui vont à la mort, et il marche... jusqu'à ce que le dernier pompon ait disparu à ses yeux.

Et, lorsqu'un de ses meilleurs, personnification vivante de toutes les qualités qui le séduisent, combat chaque jour, au péril de sa liberté et de sa vie, pour lui conquérir ces grandes, ces belles choses qu'il dit aimer (un beau chauvinisme, celui-là), après l'avoir suivi quelques pas de ses acclamations enthousiastes, il tournerait court soudain pour revenir à l'autre spectacle !

Non.

Ses ingratitudes passées lui ont déjà trop aliéné le sacrifice ; il le sait bien ; les hommes comme M. Rochefort sont rares, et celui-là perdu, il sait qu'il n'en retrouverait point aisément un autre.

M. Rochefort sera nommé !

Nous sommes un peuple qui aime à se sentir les coudes, c'est évident. Chacun ne pense guère par soi-même, et la pensée est le plus souvent une opération collective.

Notre éducation politique, un peu aussi notre caractère, répugnent à la compréhension de cette large individualité, telle qu'elle est pratiquée en Amérique.

Il y a du bon en cela.

Cette promiscuité de la pensée chez un peuple mobile, sensible à l'excès, fait que celle-ci se répercute avec une vitesse prestigieuse et se résout parfois en une explosion foudroyante. Notre histoire fourmille de preuves à l'appui; il suffit de l'ouvrir pour les voir.

Mais rarement on avait vu encore l'exemple de la popularité rapide et véritablement extraordinaire conquise par M. Rochefort.

En moins de trois mois, son nom, à peine connu, est devenu le nom dont tout le monde s'entretient; cent mille voix l'acclament aujourd'hui, cent mille autres se mêleront à ce concert formidable demain, quand la nouvelle de ses dernières épreuves aura eu le temps de produire son effet.

Ainsi deux cent mille électeurs s'acheminent, en masse serrée, vers le champ des prochains comices.

Deux cent mille au départ, ils seront trois cent mille à l'arrivée, par le contingent fatal que la contagion de l'exemple leur apportera pendant la route.

Enfin l'heure sonne, les barrières s'ouvrent, l'urne fatidique bée en forme de point d'interrogation ; la foule s'approche, silencieuse et recueillie : trois cent mille bras s'abaissent d'un même mouvement, et le même bulletin, tiré à trois cent mille exemplaires, tombe dans la bouche silencieuse qui attend sa réponse.

M. Rochefort est nommé !

Imprmerie Parisienne, Dufour et C<sup>e</sup>, 26, boulevard Bonne-Nouvelle, et 5, impasse Bonne-Nouvelle. — 1007.